Alexander Glück

Gegen das Gendern

Vierzig schlagende Argumente gegen die gewaltsame Deformierung unserer Sprache

EDITION HETERONORMATIV

© 2021 by Alexander Glück, Gymnasiumgasse 3, A-2020 Hollabrunn

Bibliographische Information der Deutschen Nationalbibliothek
Die Deutsche Nationalbibliothek verzeichnet diese Publikation in der
Deutschen Nationalbibliographie; detaillierte bibliographische Daten sind im
Internet über http://dnb.d-nb.de abrufbar.

ISBN 978-3753425689

Alle Rechte vorbehalten. Kein Teil des Werkes darf in irgendeiner Form (Druck,
Photokopie, Mikrofilm oder in einem anderen Verfahren) ohne schriftliche
Genehmigung des Verfassers reproduziert oder unter Verwendung
elektronischer Systeme verarbeitet, vervielfältigt oder verbreitet werden.

Einleitung

Der Mensch zerstört gern, es fällt ihm leichter als etwas aufzubauen, und jeder Wandel in seinem Dasein kann als das Niederreißen einer alten Ordnung gedeutet werden. Revolutionäre und Umgestalter gefallen sich im Anrennen gegen Strukturen. Die Selbstinszenierung der 68er berauscht sich bis heute an der Vokabel „Aufbruch": Damit war und ist nicht nur gemeint, seine Koffer zu packen und (auch innerlich) loszuziehen, sondern auch das Aufbrechen von Krusten, wie in jenem so verzückt angeträumten Bild vom kleinen Distelpflänzchen, das eine Asphaltdecke sprengt. Längst sind die zarten Geschöpfe von einst zu unschönen Distelnestern zusammengewachsen, deren stachelige Gewächse sich gegenseitig ihrer Kraft und Macht versichern, indem sie sich noch immer als benachteiligt und unterdrückt ansehen. Was immer man männlichen Machtstrukturen und ihren Betreibern vorwerfen konnte: Übler wurde es stets dann, wenn sich Frauenrechtlerinnen im Kampfmodus darin versuchten – und dabei längst vergessen haben, daß die wirklich großen und wichtigen Erfolge der Frauenemanzipation schon gut hundert Jahre zurückliegen.

Die gewaltsame Durchsetzung von „geschlechtergerechten" Schreibweisen als Erfolg zu feiern, ist an Dümmlichkeit kaum zu überbieten. Die durch sie angerichteten Schäden überwiegen den angeblichen Nutzen bei weitem. Die Drangsalierung frißt sich in den Köpfen fest wie eine Zwangsfixierung. Sie nimmt den Menschen die Freiheit des Ausdrucks und unterstellt ihnen, etwas anders zu meinen, als sie es selbst meinen.

Erst der Dauergebrauch von „Liebe Kundinnen und Kunden" erweckt den Eindruck, daß da bisher etwas gefehlt hat, er belegt jedoch auch den Zustand des vermeintlichen weiblichen Selbstwertgefühls, dem man damit die Bedürftigkeit nach separater Ansprache bescheinigt. Früher hatten die Frauen das nicht nötig, und zwar nicht, weil sie so dumm und unterdrückt waren, wie man ihnen heute leichtfertig unterstellt – eher im Gegenteil. Unserer Zeit fehlt das Gespür dafür, daß die Frauen früherer Epochen ihre Lebens- und Aufstiegssituation durchaus mit anderen Maßstäben beurteilen wollten als ihre selbsternannten Fürsprecherinnen von heute, von denen etliche himmelweit von der Verwirklichung eines tragfähigen Lebensentwurfs in einem funktionierenden ethischen und sozialen Koordinatensystem entfernt sind, aber umso entschiedener gegen diejenigen angehen, die ihr persönliches Lebensglück gefunden haben, ohne sich um ideologische Dogmen und emanzipatorische Fremdbestimmung zu kümmern. Emanzipation bedeutet ja gerade, frei zu werden von der Herrschaft des Patriarchen, aber auch von den Anweisungen schmallippiger Gouvernanten.

Eine rein ideologische, strikt auf die frauenspezifische Perspektive pochende Sicht auf die Dinge ist unsolidarisch, ungerecht, überholt und wirklichkeitsfern. In ihrer Ausgestaltung läuft sie oft auf die Überhöhung und Verklärung des Männlichen hinaus. Der Feminismus macht in den meisten seiner Spielarten den Mann zum Maß aller Dinge. Eine besondere Überhöhung des Männlichen liegt auch in der Behauptung, die Sprache sei männlich dominiert und Frauen kämen in ihr nicht vor. Das kann nur jemandem einfallen, der sich mit unserer Sprache nur sehr oberflächlich auskennt und zugleich destruktiv genug ist, jenes Ausdruckswerkzeug niederzureißen, ohne das unsere Dichterinnen und Forscherinnen, Denkerinnen und „starken Frauen" aller Art, nicht zu vergessen all jene Agitatorinnen, denen wir diese Entwicklung zu verdanken haben, sich nicht hätten ausdrücken können und stumm geblieben wären.

Nichts gegen Sprachveränderung als solche! Die gab es immer, sie ist organisch und erfrischend, sie regt das Denken an. Wenn aber bereits der Duden-Verlag sein Internet-Angebot von „deskriptiv" auf „präskriptiv" umstellt, dann brennt das Dach. Wir haben es hier nicht mit organischem, gesundem Sprachwandel zu tun, sondern mit Anweisungen, wie wir zu sprechen haben. Damit wird versucht, die Ausdrucksmittel und die Ausdrucksweise von rund hundert Millionen Sprachbenutzern zu kontrollieren, zu beeinflussen und zu manipulieren. Das greift massiv und gewaltsam in die Artikulationsmöglichkeiten von Menschen ein und es vergewaltigt die Sprache an sich. Es macht die Sprache unpräzise, spaltet die Gesellschaft, selektiert die Menschen und festigt Machtverhältnisse. Gendersprache ist weder gerecht noch bringt sie irgendeiner Frau irgendeinen Vorteil.

Die bewußte und achtsame Verwendung der sprachlichen Ausdrucksmöglichkeiten, gerade mit dem Ziel der Gleichberechtigung, ist im Grunde ehrenwert. Die sogenannte „geschlechtergerechte" Gendersprache ist aber der denkbar schlechteste Weg, denn sie wird nicht bewußt, sondern dressiert verwendet – und auch nicht achtsam, sondern stereotyp und somit achtlos. Statt wieder einmal eine Idee aus Lust am Mitmarschieren bis zum Exzeß und bis in die Dystopie zu verfolgen, bräuchten die Deutschen nur nachzusehen, wie souveränere Gesellschaften dieses Thema angehen. Denn es gibt bessere Möglichkeiten, wie man etwa in der Deutschen Sprachwelt (81/Herbst 2020, S. 8) in einem Beitrag über Nele Pollatschek nachlesen kann:

Als Schlüsselerlebnis beschreibt Pollatschek die Frage eines englischen Professors, „ob wir in Deutschland Angela Merkel wirklich als ‚BundeskanzlerIN' bezeichnen und ob denn die deutschen Feministen nichts dagegen täten." Während deutsche Zeitschriften damit begannen, mit allerlei bunten Schreibweisen das biologische weibliche Geschlecht in der Sprache zu betonen, ging der englische Feminismus den entgegengesetzten Weg. So beschloß der „Guardian", das Wort „Actress" zu streichen und nur noch das „Actor" zuzulassen.

Diese Herangehensweise war Pollatschek sympathisch: „Im Grunde gibt es leider nur ein einzig wirklich gutes Argument gegen das Gendern: Es ist leider sexistisch." Geschlechterbetonte Schreibweisen führen zu Ungleichbehandlung. Doch „wer will, daß Männer und Frauen gleichbehandelt werden, der muß sie gleichbehandeln, und das heißt, sie gleich zu benennen."

Eigentlich ist damit alles gesagt. Die spezifischen Verhältnisse in Deutschland machen es jedoch erforderlich, 40 gute Gründe gegen die Gendersprache auf den folgenden Seiten zusammenzustellen.

Sprachliche Gründe gegen das Gendern

1

Wer das generische Maskulinum für biologisch erklärt, der deutet die Sprache auch rückwirkend um. Wir werden historische Texte anders verstehen, als sie gemeint waren. Dadurch werden falsche Sachverhalte konstruiert: eine verbogene Sprache „beweist" damit ihren vermeintlichen Zweck.

Die Tradition der Bedeutungen wird unterbrochen. Gendern macht es dadurch schwerer, frühere Epochen besser zu verstehen.

2

Gendern funktioniert bei vielen Wortstämmen nicht, z. B. bei „Arzt":

Ärzte/-innen, Ärzte/innen, ÄrztInnen, Ärzt*innen, Ärzt_innen – alles falsch.

Das bedeutet, daß diese Formulierungsweise nicht durchgehend grammatisch richtig angewendet werden kann, ohne auf andere Begriffe auszuweichen.

Wenn wir aber andere Begriffe verwenden müssen, stimmt etwas nicht!

3

Die Behauptung, der Einfluß der Sprache auf die Wirklichkeit sei gering, ist falsch. Auch die Betreiber der Gendersprache wollen damit ja die Wirklichkeit verändern.

Sprache bildet aber die Wirklichkeit ab. Wenn die Wirklichkeit durch gewaltsame Veränderung der Sprache geformt werden soll, befinden wir uns direkt in George Orwells Roman „1984".

4

Durch Gendern soll die Sprache gerechter und weiblicher werden?

Ist sie doch schon!

Von ihrem generischen Geschlecht her sind 46 % der deutschen Wörter weiblich, jedoch nur 34 % männlich und 20 % sächlich. Weibliche Artikel sind klar in der Mehrheit.

Damit ist aber gar nicht das biologische Geschlecht gemeint, es wird also auch niemand benachteiligt.

5

Das generische Geschlecht bedeutet nicht das biologische. Wenn das so wäre, müßten die Frauen ganz schön den Ball flach halten. Beim generischen Maskulinum sind Frauen gar nicht „mitgemeint", weil schon die Männer nicht „gemeint" sind. Es ist einfach die sprachliche Gestalt des Begriffs, wenn vom „Mieter", der „Leitung" oder dem „Mitglied" die Rede ist. Mit Biologie hat das gar nichts zu tun.

6

Der Umbau unserer Sprache wird nicht so schnell zu Ende sein, denn eines ergibt das andere: Sobald weitere maskulin erscheinende Wörter wie „keiner" oder „jemandem" als neue Zielobjekte anvisiert werden, sind weitere Änderungen erforderlich.

„Ich habe es jemandem gegeben"
        „Ich habe es jemandeR gegeben"

Nicht einmal im Wörtchen „alle" werden Frauen sichtbar gemacht!

7

Die Verwendung des Partizips I zur schamhaften Hinbiegung „neutraler" Wörter ist sachlich falsch. Ein Studierender ist gegenwärtig am Studieren. Ein Student ist es vielleicht nicht, aber er ist an einer Universität eingeschrieben.

Zahlreiche Begriffsersetzungen dieser Art machen gegenderte Texte inhaltlich falsch.

8

Die krampfhaften Versuche, Sprache irgendwie so verbiegen, daß sich durch sie niemand mehr benachteiligt fühlen muß, zieht jede Menge Energie ab, die anderswo besser einzusetzen wäre. Sie macht dabei die Sprache nicht besser, nicht präziser, nicht wahrhaftiger oder schöner.

Gendern verdirbt die Sprache und belastet die Sprachbenutzer mit einer Zwangsbeschäftigung, die sie von anderem abhält – vor allem vom Denken!

Ästhetische Gründe gegen das Gendern

9

Sprache besteht aus Worten. Worte bestehen aus Wörtern. Wörter bezeichnen, was gemeint ist. Dadurch übermittelt die Sprache das Gemeinte an den Empfänger.

Wenn etwas, das vom Sprecher gemeint wird, durch Sonderzeichen ausgedrückt wird anstatt durch Formulierungen, wird die Funktionsweise der Sprache beschädigt. Das Gemeinte ist dann nicht offensichtlich verständlich, sondern nur durch Konvention. Spätere Generationen werden nicht wissen, welches Zeichen wann was bedeutete.

10

Gendersprache bringt die Auswüchse der Zwangsfixierung in den Sprachgebrauch. Die fortwährende Wiederholung von Zauberfloskeln ist wie das Leiern von Mantras: Es wirkt vor allem als Vergewisserung auf das eigene Hirn. Auf andere wirkt es so, als leide der Sprecher oder Schreiber unter einem Wiederholungszwang, einer Denkstörung oder einem defekten seelischen Empfinden.

Gendern ähnelt dem Tourette-Syndrom, dessen Träger ebenfalls gezwungen ist, bestimmte Dinge zu sagen.

11

Gendersprache ist nicht schön, sie verschwendet Platz und Zeit.

Sie überzieht Texte mit penetranten Doppelendungen und Sternchen wie mit Spritzern von Vogeldreck. Sie nimmt dadurch jedem Text Klarheit, Präzision und Bündigkeit.

12

Gendersprache hemmt den Lesefluß, wie sie auch das Sprechen durch „mitgesprochene" Pausen zerhackt und hemmt. Sie wirft Schreiber, Sprecher, Hörer und Leser aus dem Gedanken und erschwert dadurch die Übermittlung von Informationen und Deutungen. Dadurch bremst sie den Austausch innerhalb der Sprachgemeinschaft.

13

Durch Gendersprache wird die Metrik beschädigt. Sprache ist keine Informationskette wie in der Computertechnik, sondern ein melodisches Wogen mit tausend Nuancen, was mitgeteilt wird und wie dies erfolgt. Sprache ist die Summe aus Denken und Fühlen, daher ist sie elastisch.

Nagelt man Zwangsformulierungen in diese Textur, wird sie starr, spröde und welk. Wo zuvor Gedanken abgeschattet wurden, regieren dann Signalphrasen.

14

Die mutwillige Verbiegung der Sprache reduziert die gewachsene Vielfalt an Ausdrucksmöglichkeiten auf Stereotype und Schablonen. Den Betreibern dieses Wandels gilt die Einhaltung von Formulierungsmustern mehr als inhaltliche Tiefe, geistige Brillanz oder eleganter Ausdruck.

Gendersprache führt in die Verarmung der Artikulation und damit in ein erkennbar schlichteres Denken.

15

Weder schriftlich noch sprachlich kann Gendern auch nur irgendwie elegant sein. Es wirkt nie leicht, stets verkrampft. Es ist nicht melodiös, sondern gezwungen. Es gibt keinen literarisch wertvollen Text in dieser Sprachform und es wird ihn nie geben. Wo lyrische Texte „nachgebessert" wurden, wich das Hochwertige dem Banalen.

16

Das Gendern macht die Sprache unverläßlich, es zerstört jahrhundertealte Koordinaten des Verstehens und nimmt uns allen dadurch die Orientierung darüber, was eigentlich gemeint ist – auch dann, wenn man weiß, was irgendein Stern bedeutet.

Der enthaltene Sinn ist dann immer neu zu vereinbaren. Wer da etwas verpaßt, kann die eigene Sprache nicht mehr verstehen.

Politische Gründe gegen das Gendern

17

Es handelt sich bei der Gendersprache nicht um eine Entwicklung aus der Mitte der Sprachgemeinschaft, sondern um eine von einer kleinen Gruppe betriebene Neueinführung von Umdeutungen. Sie hat daher keine Legitimation. Ihre Einführung erfolgt auch nicht demokratisch, sondern durchgehend über Anordnungen. Sie ist daher auch nicht gerecht. Es wurden nicht einmal die Frauen als Gesamtgruppe gefragt, ob sie diese Zwangsbeglückung wünschen.

18

Wer die Sprache beherrscht, der beherrscht das Denken.

Die Strategie, über das Vorschreiben von Bedeutungen auf die Sprache einzuwirken, um dadurch zu kontrollieren, was die Menschen meinen und denken, ist übergriffig.

Freie Menschen lassen sich nicht in die Köpfe schauen und sie lassen sich nicht vorschreiben, was sie zu denken haben.

19

Sich selbst für berufen zu halten, die Bedeutung der Wortwahl anderer zu bestimmen, und dabei für sich die Deutungshoheit zu beanspruchen, ist anmaßend.

Kein Mensch steht so weit über anderen, daß ihm dies zusteht. Die Bedeutung der Formulierungen wird von der gesamten Sprachgemeinschaft festgelegt, nicht von einzelnen Personen.

20

Es entspricht nicht der Würde freier Menschen, sich von anderen, die man nicht einmal kennt, vorschreiben lassen zu müssen, wie man sich auszudrücken hat.

Die Freiheit, sich auszudrücken, ist eine zentrale Eigenschaft des Menschen, und sie ist unveräußerlich. Sie kann also auch nicht durch selbsternannte Regelwächter eingeschränkt werden.

21

Das zentrale Programm des Genderns ist die Aufladung der Sprache mit Moral. Moral ist die an eine Epoche geknüpfte gesellschaftliche Konvention über das, was statthaft ist. Sprache hat keine Moral, das ist nicht ihre Aufgabe. Sie ist ein wertfreies Medium für alles – Gutes und Böses, Moralisches und Unmoralisches.

Wichtig wäre mehr persönliche Ethik, die geht aber bei allem Moralisieren den Bach hinunter.

22

Die Sprachgemeinschaft bleibt beim Abwägen einer neuen Bedeutungsordnung außen vor, der Elitenstreit wird von einer winzigen Gruppe von Befürwortern und Gegnern ausgetragen.

Das bedeutet auch, daß die Gendersprache auch nach hundert Jahren Dauerschleife in den großen Medien noch nicht im letzten Kopf im letzten Dorf angekommen sein wird. Sie läuft an den meisten vorbei, auch deshalb sollte man sie nicht verordnen.

23

Der Hinweis auf vermeintliche Ungerechtigkeiten der Sprache bricht keineswegs eine Deutungshoheit auf, sondern verschiebt sie lediglich. Selbsternannte Frauenrechtlerinnen spielen Patriarchat.

Deshalb ist Gendersprache kein breites Anliegen der Entrechteten, sie ist nicht emanzipatorisch, sondern ein schlecht nachgemachtes Herrschaftsinstrument.

24

Die Gendersprache ist ein Element kulturmarxistischer Destruktion (Antonio Gramsci, 1891–1937): Zur Veränderung der Gesellschaft braucht es keinen Umsturz, sondern es reicht die Zersetzung des bürgerlichen Moral- und Wertesystems und seiner Ausdrucksmittel. Nach der Einheitlichkeit der Rechtschreibung, nach den Definitionen von Ehe und ethnischer Identität, nach der Arbeits- und Sozialgerechtigkeit und nach der Geldwertstabilität wird nun auch die Sprache umgeprägt.

Gerechtigkeitsgründe gegen das Gendern

25

Frauen werden als Sonderfall inszeniert, indem die angeblich auf das
Männliche orientierte Sprache zum
Regelfall erhoben wird. Darin liegt eine generelle Abwertung von Frauen.

Wenn man in Stellenanzeigen aus-
drücklich darauf hinweist, daß sich
auch Frauen auf die Stelle bewerben
dürfen, dann werden Frauen diskriminiert, in die zweite Reihe gestellt.

26

Frauen werden in der Gendersprache allein aufgrund biologischer Merkmale betont, sie werden sprachlich auf diese biologische Zugehörigkeit reduziert und nur deswegen mitgenannt. Das ist sexistisch.

Ebenfalls sexistisch ist die Überbetonung einer Bipolarität von Mann und Frau durch zwanghafte duale Nennungen, an denen auch ein Sternchen nichts ändert.

27

Frauen werden durch „geschlechter-gerechte" Formulierungen als prinzipiell benachteiligt inszeniert, worin eine faktische Herabsetzung liegt. Wer bei jeder Gelegenheit auf die Gleichstellungsnöte von Frauen hinweist, der vermittelt nicht nur den Eindruck, sie seien niedriger gestellt, sondern der denkt das auch selbst.

Gendersprache drückt dadurch eine Geringschätzung von Frauen aus.

28

Wenn das biologische Geschlecht, wie von den Betreibern der Gendersprache behauptet wird, wirklich ein soziales Konstrukt und eigentlich gar nicht existent ist (womit man übrigens ganz nebenbei die Abschaffung der Frauen betreibt), wieso soll dann die Überbetonung von Geschlechtszugehörigkeit sinnvoll sein? Wo es eigentlich keine Geschlechter gibt, könnte man doch die biologische Neutralität des generischen Geschlechts von Wörtern noch weit eher hinnehmen als in unserer überkommenen Welt von Männern und Frauen.

29

Durch das Gendern wird die Sprache sexualisiert. Ständig werden wir auf Geschlechter hingewiesen.

Das Binnen-I ist (...) eine Abgrenzung wie eine Mauer. Ein sehr amüsantes Phallussymbol. Das ist euer orthografischer Umschnalldildo.

(Lisa Eckhart)

Wer aus meinem „Schriftsteller" ein „Schriftstellerin" macht, kann auch gleich „Vagina!" rufen.

(Nele Pollatschek)

30

Gendersprache wird selektiv angewendet, sie ist auch deshalb ungerecht: Wörter wie „Mörder", „Einbrecher", „Terroristen" usw. werden kaum gegendert. Stattdessen werden rechte Demonstranten, obwohl zahlreich weiblich, als „Pimmel mit Ohren" maskulinisiert.

Die bi- oder tripolare Sprachverhunzung exkludiert außerdem in ihrer biologistischen Fixierung jede Menge andere Minderheiten, die doch eigentlich auch mitgemeint werden müßten.

31

Diejenigen, die ständig nach Gleichberechtigung rufen, fordern überall lautstark besondere Spielregeln für Frauen ein. Jüngstes Beispiel: Wenn eine Frau etwas falsch macht und ein Mann das kritisiert, ist das patriarchalisch. Umgekehrt ist es aber kein Problem, obwohl es viel häufiger vorkommt.

Gendersprache stellt keine einzige Frau irgendwo besser, weder beruflich noch finanziell. Sie ist eine reine Ersatzhandlung, die uns davon abhält, die wirklich wesentlichen Fragen zu lösen.

32

Durch Gendersprache werden Männer faktisch benachteiligt, weil Frauen mit einer „geschlechtergerechten" Doppelformulierung gleich zweimal angesprochen werden (einmal durch das generische Maskulinum, dann noch einmal durch die weibliche Endung), die Männer hingegen nur einmal.

Vermeintliche Gerechtigkeit schafft somit Ungerechtigkeit als Dauerzustand.

Gesellschaftliche Gründe gegen das Gendern

33

Gendersprache betont Unterschiede statt Gemeinsamkeiten. Sie gibt vor, zu differenzieren, aber sie verfestigt nur Differenzen. Sie macht immer mindestens einen Teil der Leser oder Zuhörer unzufrieden, oft die große Mehrheit. Das führt zur Entsolidarisierung.

Der Grabenkampf, der um diese angebliche „Sprachgerechtigkeit" ausgetragen wird, spaltet die Beteiligten in zwei Lager: „Dafür" und „Dagegen". Falls eine Gruppe gewinnt, hat die andere das Nachsehen.

34

Gendern selektiert, stigmatisiert und diskriminiert: Wer macht mit und wer nicht? Dadurch werden Gesinnung und Folgsamkeit sichtbar gemacht wie beim Grüßen des Geßlerhuts. Wer aus eigenem Wunsch gendert, wanzt sich an die Herrschenden heran.

Noch haben diejenigen, die sich dem Diktat nicht fügen wollen, nur einen geringen Preis für ihre Unbotmäßigkeit zu zahlen. Haben die Befürworter erst einmal Oberwasser, kann sich das schnell ändern.

35

Vielleicht das traurigste Argument: Wer gendert, macht dadurch seine geistige Unzulänglichkeit und sein schlichtes Gemüt sichtbar. Wenn schon Germanisten und Deutschlehrer ganz offensichtlich und entgegen ihrer eigenen Bildung das Wesen ihrer eigenen Sprache brechen und dies freiwillig tun, dann entweder aus Mutwillen oder aus Unwissenheit. Beides läßt sich mehr oder weniger schnell auf Dummheit zurückführen.

36

Gendern erzeugt schon jetzt vielerorts Gruppendruck und bringt Menschen, die dagegen sind, zum Schweigen. Wer sich den lautstark formulierten und per Anordnung befohlenen Regeln widersetzt, hat Nachteile: Abweichler verlieren Aufträge und riskieren sogar die Kündigung, wenn sie bestimmten dienstlichen Anordnungen nicht Folge leisten.

Die meisten gendern nicht freiwillig, und wer es freiwillig tut, sollte sich schämen.

37

Es wurde nicht gesagt: Wir machen einen Vorschlag und warten ab.

Stattdessen sind Betreiber unterwegs, die in ihrem Bereich Gendersprache durchsetzen. Lehrer schikanieren damit ihre Schüler – ohne Auftrag und Mandat. An Universitäten wird es, ausgehend von kleinen Gruppen, zur Pflicht gemacht.

Über die Schulen die Gesellschaft zu verändern, war bereits ein zentrales Element der NS-Schulreform von 1938, des DDR-Schulwesens und der Rechtschreibreform von 1996.

38

Gendersprache exkludiert: den Ausländer, der Deutsch lernen will und nun die Bedeutung von Sternchen lernen soll, für die es in keiner anderen Sprache eine Analogie gibt. Den Menschen mit schlichterem Verstand, für den seit Jahren überall „leichte Sprache" installiert worden ist und der nun vom Verstehen ausgeschlossen wird.

Gendersprache ist ein Spezialdeutsch, dessen Bedeutung sich nicht mehr ohne weiteres erschließt.

39

Aufgrund des Umstands, daß die Bedeutung von eingeschobenen Zeichen eine Sache von Vereinbarungen ist, macht Gendersprache in höchstem Maße abhängig: Soll ein Konsens über Bedeutungen erhalten bleiben, wird sich jeder bald wieder einen neuen Duden oder etwas in der Art kaufen müssen. Das Sprachverständnis wird dadurch privatisiert: Bestimmte Gruppen können diese Abhängigkeit ausbeuten und die Menschen aus der Sprachgemeinschaft ausschließen.

40

Der Genderstern soll all jene mitmeinen, die sich keinem der beiden biologischen Geschlechter zuordnen. Laut einem Bericht des Ärzteblatts gibt es realistischen Schätzungen zufolge in der Bundesrepublik Deutschland derzeit 150 Intersexuelle.

Das ist so ziemlich die seltenste biologische Besonderheit, die es gibt. Andere Gruppen hätten – rein zahlenmäßig betrachtet – einen weitaus gewichtigeren Anspruch, durch ein Sonderzeichen in den Wörtern „mitgemeint" zu werden.